VENTE DES 16 ET 17 JANVIER 1894

HOTEL DES COMMISSAIRES-PRISEURS

CATALOGUE

D'ESTAMPES

ANCIENNES

PORTRAITS

DES XVIe, XVIIe ET XVIIIe SIÈCLES

PROVENANT DE LA BIBLIOTHÈQUE

DE FEU M. LE COMTE DE LIGNEROLLES

Me **MAURICE DELESTRE**, Commissaire-Priseur,
RUE DROUOT, 27.

M. CH. PORQUET,
Libraire,
QUAI VOLTAIRE, 1.

M. JULES BOUILLON
Marchand d'Estampes de la Bibliothèque nationale
RUE DES SAINTS-PÈRES, 3.

CONDITIONS DE LA VENTE

Elle sera faite au comptant.

Les Acquéreurs payeront CINQ POUR CENT en sus des enchères, applicables aux frais de vente.

M. Jules BOUILLON, chargé de la vente, se réserve la faculté de réunir ou de diviser les lots.

ORDRE DES VACATIONS

Mardi 16 Janvier .... Nos 1 à 193

Mercredi 17 « .... 194 à la fin.

CATALOGUE

D'ESTAMPES

ANCIENNES

CATALOGUE
D'ESTAMPES
ANCIENNES
PORTRAITS
DES XVIe XVIIe ET XVIIIe SIÈCLES

PROVENANT DE LA BIBLIOTHÈQUE

DE FEU M. LE COMTE DE LIGNEROLLES

Me **MAURICE DELESTRE**, Commissaire-Priseur,
RUE DROUOT, 27.

M. **CH. PORQUET**,
Libraire,
QUAI VOLTAIRE, 1.

M. **JULES BOUILLON**,
Marchand d'estampes de la Bibliothèque nationale.
RUE DES SAINTS-PÈRES, 3.

LA VENTE AURA LIEU

Les Mardi 16 et Mercredi 17 Janvier 1894

A deux heures précises

HOTEL DES COMMISSAIRES-PRISEURS

RUE DROUOT, N° 9

SALLE N° 10, AU PREMIER

Par le ministère de **Me MAURICE DELESTRE**, commissaire-priseur,
Rue Drouot, 27.

Assisté de **M. CH. PORQUET**, libraire, quai Voltaire, 1,

Et de **M. JULES BOUILLON**, marchand d'estampes de la Bibliothèque nationale, rue des Saints-Pères, 3

DÉSIGNATION

ESTAMPES

ALTDORFER (Albert)

1 — Deux Satyres se battant pour une Nymphe (B. 38).

Superbe épreuve.

AMMAN (Jost)

2 — *Coligny* (*Gaspard de*), amiral de France (B. 17.)

Très belle épreuve.

ANONYMES

3 — Pourtrait et description du massacre proditoirement commis au cabinet et par l'autorité du Roy, pendant les Estats à Blois, en la personne de Henry de Lorraine, Magnanime Duc de Guyse, Protecteur et deffenseur de l'Église catholique, apostolique et romaine, et du Royaume de France.

Cruauté plus que barbare, infidèlement perpétrée par Henry de Valois, ennemy des Catholiques du Royaume de France, en la personne de Monsieur, l'illustrissime Cardinal de Guyse, Archevêque, Duc de Rheims, dédié et consacré à Dieu.

Deux pièces gravées sur bois, avec légende au-dessous, imprimées sur une même feuille.

Très rare.

4 — *Jeanne d'Arc*. In-8, sur bois.

Belle épreuve. Rare.

5 — *Élisabeth*, reine d'Angleterre, représentée à mi-corps en grand costume de cour, tenant le sceptre de la main gauche. In-4.

Très belle épreuve, grande marge.

ANONYMES

6 — *François II*, — *Marie Stuart*, — *Charles IX* et *Isabelle d'Autriche*. Quatre portraits in-8 et in-4.

Belles épreuves avec marges.

7 — *Marie Stuart*, représentée à mi-corps dans un médaillon et tenant un crucifix de la main droite. In-12.

Très belle épreuve. Rare.

8 — Henri III et Henri IV, représentés en regard sur une même feuille; au dessous, la scène de l'assassinat de Henri III, et Henri III dans son lit remettant la couronne au roi de Navarre. In-4. Deux épreuves.

9 — *Henri IV*, roi de France; en bas une frise où est représentée la tentative d'assassinat commise par Jean Chatel, en 1594. In-4.

Très belle épreuve, marge.

10 — Arbre de généalogie du très invincible et très puissant roy de France et de Navarre à présent. Pièce in-fol., au milieu le portrait en médaillon de Henri IV.

Belle épreuve. Rare.

11 — Portrait de la pyramide dressée devant la porte du Pallais. Quatre gravures différentes du même sujet, avec légendes explicatives.

12 — *Clément* (*Jacques*). Deux gravures différentes d'après le même tableau, dont une publiée en Allemagne. In-4.

Belles épreuves.

13 — *Gontaut* (*Charles de*), duc de Biron, en 1594, avec légendes en allemand et les scènes de son arrestation et exécution. In-4.

Belle épreuve, marge.

14 — *Queylus* (Jacques de Lévis l'aîné, comte de). In-12, gravé à l'eau-forte. En bas on lit : *M. de Qveslvs, Mignon dv Roy Henry troisième.*

Très belle épreuve, extrêmement rare.

ANONYMES

15 — Le même portrait.

Deux épreuves de la reproduction moderne.

16 — *Roquelaure*. In-12, sans nom d'artiste.

Belle épreuve.

17 — *Lamballe* (M.-T.-Louise de Savoie-Carignan, princesse de). In-8.

Belle épreuve.

18 — *Berry* (Mme la duchesse de). In-4.

Très belle épreuve avant toute lettre.

19 — *Charette*, représenté en buste, la tête enveloppée d'un foulard, avec chapeau tricorne et cocarde, gravé au pointillé. On lit en bas : Dessiné après son arrival à Nantes, le 7 où il était fusillé le 9 Germinal. In-8.

Très belle épreuve.

20 — *Charette* (le général), représenté à mi-corps, le bras en écharpe, publié à Londres en 1797. In-fol. en manière noire.

Très belle épreuve.

21 — *Charette* (le général), en buste dans un médaillon, et une charrette comme armoiries. Deux épreuves, dont une du premier état, la tête couverte d'un chapeau; l'autre, la tête enveloppée d'un foulard et le bras en écharpe.

Très belles épreuves avant la lettre.

22 — Autre portrait de Charette, la tête couverte d'un foulard et le bras en écharpe. In-4.

Très belle épreuve avant la lettre, marge.

23 — Le général Charette. Deux portraits in-8 différents.

Belles épreuves.

24 — *Lescure* (*Louis-Marie de*), chef des royalistes de la Vendée.

Dessin du temps, au crayon noir.

ANONYMES

25 — *Stofflet*, représenté en buste dans un médaillon, coiffé d'un chapeau orné d'une cocarde blanche et de plumes. In-4.

Très belle épreuve. Rare.

ANSELIN (J.-L.)

26 — *Pompadour* (la marquise de), en jardinière, d'après C. Vanloo. In-fol.

Superbe épreuve avant la lettre, grande marge.

AUDRAN (B.)

27 — *Molière* (J.-B. Poquelin de), d'après Mignard. In-8. — Trois belles épreuves.

BARBARY (J. DE), dit le MAITRE AU CADUCÉE

28 — Le Satyre jouant du violon (B. 13).

Superbe épreuve d'une pièce extrêmement rare.

BARTOLOZZI (F.)

29 — *Condé* (Louis-Joseph de Bourbon, prince de), d'après Mme de Tott. In-fol.

Belle épreuve.

BEHAM (H.-S.)

30 — Adam et Eve, 1543 (B. 6).

Superbe épreuve.

31 — Adam et Eve chassés du Paradis, 1543 (7).

Belle épreuve.

32 — Le Sauveur, 1546 (B. 30).

Superbe épreuve.

33 — La Religion chrétienne victorieuse (B. 128).

Très belle épreuve.

34 — La Jeune femme accompagnée d'un bouffon, 1541. (B. 149).

Superbe épreuve du premier état, avant la retouche.

BELLIARD (Z.)

35 — Portraits des chefs Vendéens, représentés en pied, d'après Girodet-Trioson, Robert Lefebvre, Mauzaisse, Guérin, etc. Douze portraits in-fol., dont trois doubles.

Très belles épreuves.

BERNARD (S.)

36 — *Béthune* (Messire Philippes, comte de). In-fol.

Très belle épreuve. Rare.

BINK (Jacques)

37 — La Fortune (B. 55).

Très belle épreuve.

BOISSEVIN (à Paris, chez L.)

38 — Portraits de personnages célèbres, hommes et femmes, du XVIIe siècle. Seize pièces. In-4.

Belles épreuves.

BOSSE (Abraham)

39 — *Larcher* (*Michel*). (G. D. 554).

Très belle épreuve.

BOUCHER (d'après F.)

40 — *Pompadour* (la marquise de). In-4 en manière noire.

Très belle épreuve.

BOVINET

41 — *Dubarry* (la comtesse). In-8.

Très belle épreuve, marge.

BRIOT (J.)

42 — Henri IV mort, sur un lit de parade, 1610, d'après Quesnel (R. D. 124).

Superbe épreuve entourée d'une bordure modèles de dentelles et guipures. Rare.

BRY (T. DE)

43 — *Henri IV*, roi de France. Petit buste au milieu d'ornements; de chaque côté, la Prudence et la Justice, pour frontispice de livre.

Belle épreuve,

44 — Manches de couteaux. Deux sujets sur une même feuille.

Très belle épreuve, grande marge.

CALLOT (J.)

45 — Le Martyre de Apôtres. Suite de seize pièces (M. 120-136).

Belles épreuves du premier état.

CANU

46 — *Robespierre* (Maximilien). In-12.

Belle épreuve.

CARICATURES

47 — Portraits et caricatures relatives à Napoléon Ier. Cinquante pièces coloriées.

Rares.

CARON ET AUDOUIN

48 — *Berry* (S. A. R. Madame, duchesse de). Deux portraits différents d'après Gérard et Hess.

Belles épreuves.

CARS (J.-F.)

49 — *Corneille* (Pierre). Portrait et frontispice pour le Théâtre Deux pièces. In-8.

Très belles épreuves. Rares.

50 — Titre et frontispice pour le Théâtre de P. Corneille. 1682.

51 — *Corneille* (Pierre). In-8.

Belle épreuve.

CHEREAU ET PETIT

52 — *Sévigné* (Marie de Rabutin-Chantal, marquise de). — *Grignan* (Françoise-Marguerite de Sévigné, comtesse de). Deux portraits in-8.

Belles épreuves.

53 — Les mêmes portraits.

Belles épreuves.

COOPER (ANT.)

54 — *Angoulême* (Marie-Thérèse-Charlotte de France, duchesse d'). In-8.

Belle épreuve.

COSWAY (d'après R.)

55 — *Récamier* (Mme), par Ant. Cardon. In-fol.

Très belle épreuve.

CREPY (à Paris, chez)

56 — *Louis XIV*, — Le Dauphin, — Le *duc de Bourgogne*, — le comte de Toulouse, — Louis XV, — Le duc de Berri, — Mademoiselle d'Orléans, — Mademoiselle d'Enguien, — Mademoiselle de Condé, — La duchesse de Bourgogne, etc. Douze petits portraits en médaillons au milieu d'entourages ornementés. In-8.

Belles épreuves. Rares.

DARET (à Paris, chez)

57 — Portraits du XVIIe siècle, Rois, reines, guerriers, hommes et femmes célèbres du règne de Louis XIV. Quarante pièces.

Belles épreuves.

58 — *Corneille* (Pierre). In-4.

Belle épreuve.

DAVID (C.)

59 — *Elisabeth*, reine d'Angleterre, représentée à mi-corps dans un ovale, avec bordure ornementée. In-4.

Très belle épreuve.

DELATRE

60 — *Beaumarchais* (Pierre-Augustin Caron de). In-8

Très belle épreuve avant le numéro, marge.

DELAUNE (Et.)

61 — *Lorraine* (François de), duc de Guise, père du Balafré (Didot, 373). Copie par un anonyme du portrait de Henri II, décrit par Robert Dumesnil sous le numéro 311 de l'œuvre de Delaune, auquel le graveur a substitué la tête du duc de Guise.

Superbe épreuve avec marge.

62 — *Lorraine* (Charles, cardinal de). Portrait faisant pendant au précédent et très probablement par le même graveur.

Très belle épreuve, avec marge.

63 — Sujets variés ornant des compositions en forme de croix de Lorraine. Suite de sept pièces y compris le titre (R. D. 390-396), dont nous n'avons que six, manque le numéro 392.

Très belles épreuves. Rares.

DIVERS

64 — Portraits de Jeanne-d'Arc, par Beisson de Marcenay, etc. Quatre pièces.

65 — Huit portraits de la reine Marie-Stuart, par Gaywood, Bœner, Fessard, Boudan, etc.

Belles épreuves.

66 — Trois portraits de la reine Elisabeth d'Angleterre, dont un gravé sur bois.

Bonnes épreuves.

67 — Portraits de Henri IV, titres de livres, etc., vingt-quatre pièces par divers graveurs du temps.

Belles épreuves.

DIVERS

68 — *Louis XIII* enfant, debout dans une chambre, — *Louis XIII* à cheval. Deux portraits différents, sans nom de graveur. Trois pièces in-8 et in-4.

Très belles épreuves.

69 — *Anne d'Autriche*, — Jacques Ier, — *La Tremoille* (Louis de), — *Lorraine* (Charles de), — *La Valette* (Bernard de), *Orléans* (Gaston d'), — *Médicis* (Marie de), — Guise (le duc de), — Titres de livres, etc. Dix-sept portraits in-8.

Belles épreuves.

70 — Cinq portraits différents de *Anne d'Autriche*, par divers graveurs. In-8 et in-4.

Belles épreuves.

71 — Portraits de *Bossuet*, par Edelinck, Desrochers, Odieuvre, Petit, Chereau, J. Devaux, etc. Douze portraits in-8 et in-4.

Bonnes épreuves.

72 — Ornements par Heckius, Delaune, Ducerceau, Morison, etc. Quatorze pièces.

73 — Estampes diverses par Altdorfer, Carrache, etc. Quatre pièces.

DREVET (P.)

74 — *Paillot* (Pierre), héraldiste, d'après G. Revel (D., 103).

Très belle épreuve, marge.

75 — Le même portrait.

Très belle épreuve, marge.

DURER (Albert)

76 — La Vierge assise, embrassant l'enfant Jésus (B., 35).

Superbe épreuve.

77 — La Vierge couronnée par un ange (B., 37).

Très belle épreuve, signée au verso : « P. Mariette, 1651. »

DURER (Albert)

78 — La Vierge assise au pied d'une muraille (B., 40).

Superbe épreuve avec marge.

79 — La Vierge à la poire (B., 41).

Superbe épreuve avec marge.

80 — La Vierge au singe (B., 42).

Superbe épreuve, signée au verso : « P. Mariette, 1667. »

81 — La Famille du satyre (B., 69).

Superbe épreuve.

82 — Le Groupe des quatre femmes nues (B., 75).

Belle épreuve.

83 — L'Oisiveté (B., 76).

Très belle épreuve avec marge.

84 — Le Paysan du marché (B., 89).

Très belle épreuve.

85 — Les Offres d'amour (B., 93).

Belle épreuve.

86 — Le petit cheval (B., 96).

Superbe épreuve avec marge.

ÉCOLE ITALIENNE (XVIe siècle)

87 — *Fuentes* (Don Pietro Envriquez E. Toledo, conte de). In-8.

Très belle épreuve.

EDELINCK et LUBIN

88 — *Raciné* (Jean), — *La Fontaine* (J. de), — *Corneille* (Pierre), Molière (J.-B.-P. de). Sept portraits tirés des hommes illustres de Perrault. In-fol.

Bonnes épreuves.

EDELINCK (N.)

89 — *Sévigné* (Marie de Rabutin Chantal, marquise de), d'après Nanteuil.

Très belle épreuve du premier tirage avant le trait d'union entre Rabutin et Chantal.

90 — *Malebranche* (Nicolas de), d'après J.-B. Santerre. In-4.

Très belle épreuve du premier état.

EDELINCK (J.)

91 — La Vénérable mère Marie de l'Incarnation, première Supérieure des Ursulines de la nouvelle France. In-4.

Très belle épreuve. Rare.

ELSTRAKE (R.)

92 — *Elisabeth*, reine d'Angleterre, représentée jusqu'aux genoux, en grand costume de cour, avec six vers anglais au bas. In-fol.

Très belle épreuve. Rare.

93 — *Darnley* (prince Henry, lord), — *Stuart* (Marie), Queene of Scotland, représentés en pied sur une même planche, avec armoiries en haut. In-fol.

Très belle épreuve. Rare.

94 — *Charles*, Prince of Great Brittayn, and Ireland, Duke of Yorke and Albany, Marquis of Ormond, etc. In-fol. équestre.

Très belle épreuve. Rare.

95 — Frédéric V, comte palatin du Rhin, et *Elisabeth*, fille de Jacques Ier, sa femme, représentés en pied sur une même planche. In-fol.

Très belle épreuve. Rare.

FICQUET (Et.)

96 — *Corneille* (Pierre), d'après Ch. Le Brun (F., 34).

Bonne épreuve.

FICQUET (Et.)

97 — *Maintenon* (Françoise d'Aubigné, marquise de), d'après Mignard (F., 93).

Très belle épreuve imprimée sur papier double.

FIRENS (P.)

98 — Henri IV mort sur un lit de parade, 1610. In-4.

Très belle épreuve.

99 — L'Auguste pourtraict de Mgr le Dauphin au naturel, 1604, d'après J. Le Pileur. In-8.

Très belle épreuve.

100 — Louis XIII et Anne d'Austriche, représentés en regard sur une même feuille, pour frontispice de livre. In-4 en largeur.

Très belle épreuve avec texte au verso.

101 — Portrait au naturel de la Royne Marguerite, faict en septembre 1605. In-8.

Très belle épreuve avec marge.

102 — *Médicis* (Marie de), en costume de veuve. In-4.

Belle épreuve.

103 — Portraict au naturel des Barbares amenez en France du pais de Topinambous, par le sieur de Razilly, pour estre baptisez et convertiz à la foy de Jesus-Christ et presentez à sa Majesté en l'année présente 1613.

Très belle épreuve. Rare.

FIRENS (P.) ?

104 — Le Covronnement du roy Lovys treziesme, celebré à Reims le dimanche 17 octobre 1610. In-fol. en largeur.

Très belle épreuve. Rare.

FORNAZERIS (J. de)

105 — Frontispice avec le buste du roi Louis XI et figures allégoriques. In-fol.

Très belle épreuve.

FRESCHI

21- 106 — *Cadoudal* (Georges), général des armées royalistes de Bretagne. Deux portraits différents in-4 publiés à Londres. Gosselin

Très belles épreuves.

FRITSCH (C.-F.)

6-50 107 — *Maria Antonia*, archidux Austriæ, d'après Wagenschon. In-fol.

Belle épreuve.

GADIOT (à Paris, chez)

12- 108 — *Cadoudal* (Georges), en buste, au dessous, la scène de son arrestation. In-4. Bihn

Très belle épreuve. Rare.

GALAND, SWNINE, ETC.

10- 109 — *La Rochejaquelin* (le marquis de). Trois gravures différentes du même portrait, dont une avant la lettre. In-8. Gosselin

Très belles épreuves.

GALLE (C.)

10- 110 — *Charles Ier*, roi d'Angleterre, — *Henriette Marie* de France, sa femme. Deux portraits in-4. G. Meyer

Belles épreuves.

GANTREL (ETIENNE)

2- 111 — *Bossuet* (Jacque Bénigne), évêque de Condom. In-8.

Très belle épreuve avec marge. Rare.

112 — Le même portrait.

Très belle épreuve.

GAUCHER (CH.-ET.)

49- 113 — *Barry* (la comtesse du), d'après Drouais. In-8. Rollin

Très belle épreuve avec la date de 1770, grande marge.

GAUCHER (Ch.-Et.)

114 — *Buffon* (George-Louis Leclerc de), d'après Drouais (H. B., 30).

Très belle et rare épreuve avant la lettre, plus une épreuve avec la lettre. Deux pièces.

115 — *Buffon* (George-Louis Leclerc de), d'après Drouais (H. B., 31).

Très belle épreuve avant la lettre, plus une épreuve avec la lettre. Deux pièces.

116 — *Florian* (J.-P. de), d'après Flouest (H. B., 61).

Très rare épreuve à l'état d'eau-forte.

117 — *Piis* (A.-P.-A. de), écuyer, secrétaire interprète de Monseigneur, comte d'Artois), d'après François (H. B., 131).

Très rare épreuve à l'état d'eau-forte, avant toute lettre, grande marge.

118 — Le même portrait.

Deux épreuves avec la lettre.

GAUTIER (L.)

119 — Vue de Paris à vol d'oiseau, 1611.

Belle épreuve.

120 — *Jeanne d'Arc* à cheval, — La même tenant un glaive de la main droite. Deux portraits in-8.

Belles épreuves, avec texte au verso.

121 — *Clément VIII*, pape.

Deux belles épreuves.

122 — *Condé* (Henry de Bourbon, prince de), 1612.

Quatre belles épreuves avec marges.

123 — *Condé* (Henry de Bourbon, prince de) à cheval, — *Longueville* (Henry d'Orléans, duc de), — *Courval* (Thomas Sonnet, sieur de), — *Paul V*, pape. Quatre portraits in-8.

Belles épreuves.

GAUTIER (L.)

124 — *Espernon* (Jean-Louis de Nogaret de Lavalette, duc d'), In-8.

Très belle épreuve. Rare.

125 — *Guise* (Charles de Lorraine, duc de), gouverneur de Provence, — *Lorraine* (Henri de), prince de Joinville, duc de Guise, surnommé le Balafré. Deux portraits in-8.

Belles épreuves.

126 — *Guise* (Catherine de Clèves, princesse de Joinville, puis duchesse de), 1588.

Très belle épreuve du premier état, en costume de cour, avec grande collerette.

127 — Le même portrait.

Très belle épreuve du troisième état.

128 — Le même portrait.

Très belle épreuve du deuxième état, le costume de cour changé en celui de veuve.

129 — *Henri IV*, en buste dans un médaillon avec manteau et collerette, 1610. In-8.

Belle épreuve.

130 — *Henri IV*. Petit buste en médaillon avec la croix du Saint-Esprit. In-12.

Très belle épreuve, marge.

131 — *Henri IV*, en buste avec manteau et le collier du Saint Esprit. In-8.

Belle épreuve.

132 — *Henri IV*, en buste, coiffé d'une toque. In-8.

Belle épreuve, grande marge.

133 — *Henri IV*, à cheval, couronné de lauriers, avec bataille dans le fond. In fol.

Très belle épreuve.

GAUTIER (L.)

134 — *Henri IV* en prière, — *Henri IV à cheval*, — Autre portrait du même, aussi à cheval. Deux épreuves. Quatre pièces.

Belles épreuves.

135 — *Hopital* (Michel de). In-8.

Belle épreuve.

136 — *Lorraine* (Louise de), douairière de France. In-8.

Deux très belles épreuves, dont une avec les vers du bas coupés.

137 — *Louis XIII*, — *Saint-Louis*. Deux portraits faisant pendants.

Très belles épreuves, marges.

138 — *Louis XIII*, enfant, debout dans une chambre, coiffé d'un chapeau orné de plumes. In-8.

Deux épreuves avec texte au verso.

139 — *Louis XIII*, enfant, debout dans une chambre. In-4.

Très belle épreuve, marge.

140 — *Louis XIII*, en buste, avec grande collerette, 1622. In-8.

Très belle épreuve.

141 — *Louis XIII*, jeune, coiffé d'un grand chapeau. In-8.

Très belle épreuve.

142 — *Mayenne* (Charles de Lorraine, duc de). In-8.

Trois épreuves du même portrait.

143 — *Médicis* (Marie de), reine régente de France et de Navarre, représentée debout en costume de veuve, 1610. In-8.

Superbe épreuve.

144 — Le même portrait, de plus petit format, gravé par Le Jeune.

Très belle épreuve.

GAUTIER (L.)

145 — *Monceaux* (Gabrielle Destrée, marquise de), 1596.
Belle épreuve.

146 — *Montpensier* (Henry, duc de), pair de France. In-18.
Très belle épreuve avec marge. Rare.

147 — *Nemours* (Anne d'Este Ferrare, duchesse de).
Très belle épreuve.

148 — Le même portrait.
Belle épreuve.

149 — *Stuart* (Marie), reine d'Ecosse.
Deux bonnes épreuves.

150 — *Valois* (Marguerite de), reine de Navarre. In-8.
Belle épreuve.

151 — *Du Perron* (Jacques David, cardinal), — *Sillery* (Nicolas Brulart, chevalier, seigneur de), — *Pybrac* (Guy Dufaur, seigneur de), — *Villamont* (Jacques de), — *Courval* (Th. Sonnet, sieur de). Cinq portraits.
Belles épreuves.

152 — Portraits d'hommes célèbres de tous les temps tirés de la chronologie collée. Quatre-vingt-trois pièces.

GHEYN (J. DE)

153 — *Henri IV* jeune. In-8.
Très belle épreuve. Rare.

GIFFART (P.)

154 — *Maintenon* (la marquise de). In-fol.
Très belle épreuve.

GOLTZIUS (H.)

155 — *Henri IV*, roi de France et de Navarre (B., 174).
Belle épreuve.

GOLTZIUS (H.)

156 — Le même portrait. Deux gravures différentes dont une par Crispin de Passe et l'autre sans nom de graveur.

Belles épreuves.

157 — *Plantin* (Christophe), imprimeur à Anvers (B., 181).

Belle épreuve.

GRANTHOMME (J.)

158 — *Anjou* (François de Valois, duc d'Alençon et d') (R. D. 37). Deux épreuves, — *Charles IX* (48), — *Lorraine* (Charles, duc de). Quatre pièces.

Bonnes épreuves.

159 — *Elisabeth d'Autriche*, reine de France (R. D., 49).

Belle épreuve.

160 — *Henri IV*, roi de France (R. D., 60).

Belle épreuve.

161 — *Médicis* (Marie de), reine de France. In-4 non décrit.

Très belle épreuve

GRATELOUP (J.-B. DE)

162 — *Bossuet* (Jacques Bénigne), d'après H. Rigaud (F., 2)

Très belle épreuve, grande marge.

163 — Le même portrait.

Très belle épreuve.

164 — *Fénelon*, d'après Vivien (F. 5).

Très belle épreuve, toute marge.

165 — *Polignac* (Melchior de), cardinal, d'après Rigaud (F., 8).

Très belle épreuve, toute marge.

166 — *Rousseau* (Jean-Baptiste), d'après J. Aved (F., 9).

Très belle épreuve, toute marge.

HABERT

167 — *Molière* (J.-B. Poquelin de), d'après Mignard. In·

Très belle épreuve, marge.

HALL (J.)

168 — *Lenclos* (Ninon de), 1780. In-8.

Belle épreuve.

HOGENBERG (R.)

169 — *Henri III,* roi de France. In-12.

Belle épreuve.

HUBERT

170 — *Louis XV,* en bas une vue de la place Louis XV, — *Miroménil* (Armand-Thomas Hue, marquis de). Deux portraits in-8.

Belles épreuves.

ISAAC (G.)

171 — *Benard* (Nicolas), parisien. In-8.

Belle épreuve.

JANINET (F.)

172 — Portrait de Marie-Antoinette d'Autriche, reine de France et de Navarre, 1777. In-fol.

Belle épreuve avec marge. Son cadre ornementé, rehaussé d'or, est mobile et n'est pas fixé à l'estampe.

LANDRY (P.)

173 — *Louis XIV.* Quatre portraits différents. In-8 et in-12.

Belles épreuves.

LANGLOIS

174 — *Val* (Pierre Du), géographe du roi. In-fol.

Belle épreuve.

DE LARMESSIN (Les)

175 — Hommes et femmes célèbres du XVIIe siècle. Seize portraits. In-4.

Belles épreuves.

DE LARMESSIN (Les)

176 — *Orléans* (Henriette Stuart, duchesse). In-4.

Belle épreuve.

177 — *Louis XV*, d'après Vanloo. In-fol.

Belle épreuve, marge.

LASNE (Michel)

178 — *Corneille* (Pierre). Deux portraits différents. In-4 et in-12.

Belles épreuves.

179 — Les mêmes portraits.

Très belles épreuves.

180 — *Marillac* (Michel de), — *François de Paule* (Saint). Deux portraits. In-8 et in-4.

Belles épreuves.

181 — Portraits divers. In-fol. et in-4. Onze pièces.

Belles épreuves.

182 — Titre frontispice pour : Nouvelles chansons de Gaultier Garguille, 1632. In-8.

Très belle épreuve. Rare.

L. C.

183 — *Charette* (le général), représenté en buste coiffé d'un chapeau orné de plumes et d'une cocarde. In-4.

Très belle épreuve avant la lettre.

LE BEAU

184 — *Barry* (la comtesse du), d'après Marillier. In-8.

Très belle épreuve avant le numéro, grande marge.

185 — *Elisabeth-Philippe-Marie-Hélène* de France, d'après Fontaine. In-8.

Belle épreuve avant le numéro.

LE BEAU

186 — *Eon de Beaumont* (la chevalière d'). Deux portraits différents publiés chez Esnauts et Rapilly. In-8.

Très belles épreuves avant les numéros, marges.

187 — Louis XVI et Marie-Antoinette représentés en bustes, en regard l'un de l'autre sur une même feuille.

Très belle épreuve avant le numéro, toute marge.

188 — *Marie-Antoinette*, dauphine de France, d'après Marillier. In-8.

Très belle épreuve avant le numéro et avec les vers en bas, toute marge.

189 — *Pompadour* (Madame la marquise de), d'après Queverdo. In-8.

Belle épreuve avant le numéro.

190 — *Pompadour* (Madame la marquise de), d'après Queverdo. In-8.

Très belle épreuve avant le numéro, grande marge.

LE CLERC (à Paris, chez)

191 — Figure représentant le supplice et arrêt de mort donné contre le très meschant, très abominable et très détestable parricide Ravaillac, le 29 may 1610. Pièce gravée dans le goût de Ziarnko, mais ne portant pas son nom, avec légende explicative.

Très belle épreuve.

192 — La même estampe.

Très belle épreuve.

LE ROY

193 — Louis Charles de France, Marie Thérèse, Charlotte de France, enfants de Louis XVI, représentés dans un médaillon. In-8.

Très belle épreuve, marge.

LEU (Th. de)

194 — Sacre de Louis XIII, d'après F. Quesnel (R. D., 74).

Très belle épreuve. Rare.

195 — *Anjou* (François de France, duc d') (296). Deuxième état, — *François Ier*, roi de France (372). Deuxième état, — *François II*, roi de France (373). Deuxième état, — *Charlemagne* (Saint), empereur d'Occident (336). Quatre pièces.

Bonnes épreuves.

196 — *Anjou* (François de Valois, duc d'Alençon, puis d') (R. D., 297).

Belle épreuve. Rare.

197 — *Anjou* (François de Valois, duc d'Alençon, puis d') (197). Copie.

Très belle épreuve avant la lettre.

198 — *Arlensis de Scudalupis* (Pierre), médecin, chimiste et littérateur (R. D., 301).

Très belle épreuve.

199 — *Anjou* (François de France, duc d') (296), — *Aumale* (Claude de Lorraine d') (303), — *Bar* (Henri de Lorraine, duc de), marquis de Pont (306). Deux épreuves avec marges. Quatre pièces.

Bonnes épreuves.

200 — *Aumale* (Claude de Lorraine d'), chevalier de Malte (R. D., 303).

Superbe épreuve avec marge.

201 — Le même portrait.

Superbe épreuve.

202 — *Bar* (Henri de Lorraine, duc de), marquis de Pont (R. D. 307).

Superbe épreuve du premier état, avec marge.

LEU (TH. DE)

203 — Le même portrait.

Très belle épreuve du second état, avec grande marge.

204 — *Bar* (Catherine de Bourbon, duchesse de), (R. D., 311).

Très belle épreuve du deuxième état.

205 — *Biron* (Charles de Gontaut, duc de), maréchal de France (R. D. 317).

Très belle épreuve.

206 — Le même portrait.

Très belle épreuve.

207 — *Biron* (Charles de Gontaut, duc de), marécha de France (317), — *Bourbon* (Charles de), connétable de France (323), — *Draeck* (François), navigateur anglais (354), — *Enghien* (Jean de Bourbon, comte d') (362). Deux épreuves, cinq pièces.

Belles épreuves.

208 — **Bourbon** (Charles II, cardinal de), proclamé roi pendant la ligue sous le nom de Charles X (R. D., 321).

Très belle épreuve, signée au verso : « P. Mariette, 1664. »

209 — Le même personnage (R. D., 322).

Belle épreuve.

210 — *Bourbon* (Charles de), connétable de France (R. D., 323).

Superbe épreuve.

211 — Le même portrait.

Très belle épreuve.

212 — *Brach* (Pierre de), poète bordelais (325).

Très belle épreuve du premier état.

213 — *Brach* (Pierre de), poète bordelais (326), *Brisson* (Barnabé), président au Parlement de Paris (327), — *Capel* (Ange), secrétaire de la chambre du roi (329), — *Chaligny* (Henri de Lorraine, comte de) (335). Quatre portraits.

Belles épreuves.

LEU (TH. DE)

214 — *Catherine de Médicis* (333).
Belle épreuve.

215 — *Catherine de Médicis*, reine de France (333).
Belle épreuve avec marge.

216 — *Charles IX*, roi de France (337 et 338). Deux portraits différents dont un double. Trois pièces.
Belles épreuves.

217 — *Condé* (Henri de Bourbon, prince de) (R. D., 341).
Belle épreuve. Très rare.

218 — *Condé* (Henri de Bourbon, prince de) (R. D., 344).
Très belle épreuve, plus un exemplaire avec le texte au verso. Deux pièces.

219 — *Conti* (Jeanne de Coesme, princesse de) (350).
Superbe épreuve du premier état.

220 — Le même portrait.
Deux belles épreuves du premier état.

221 — *Dudrac* (Marie) (R. D., 355).
Très belle épreuve, signée au verso : « P. Mariette, 1674. »

222 — *Eléonore d'Autriche*, reine de France (357). Deux épreuves. — *Elisabeth*, reine d'Angleterre (358). Trois pièces.
Bonnes épreuves.

223 — *Elisabeth d'Autriche*, reine de France (359 et 369). Deux portraits différents.
Très belles épreuves.

224 — *Elisabeth de Bourbon*, reine d'Espagne, fille de Henri IV et de Marie de Médicis (361).
Très belle épreuve.

225 — *Epernon* (Jean-Louis de la Valette, de Nogaret, duc d') (363). Trois épreuves, plus la copie de ce même portrait, avant la lettre. Quatre pièces.

LEU (Th. de)

226 — *Estrées* (Gabrielle d'), marquise de Monceaux et duchesse de Beaufort (366).

Superbe épreuve.

227 — Le même portrait.

Très belle épreuve.

228 — Le même portrait.

Belle épreuve remmargée.

229 — *Estrées* (Gabrielle d'), marquise de Monceaux et duchesse de Beaufort (365).

Bonne épreuve.

230 — *Fauchet* (Claude), premier président en la cour des monnaies et historien. Deux portraits différents (R. D., 369 et 370).

Très belles épreuves.

231 — *France* (François de Valois, dauphin de (R. D., 371).

Superbe épreuve.

232 — Le même portrait.

Très belle épreuve.

233 — *France* (François de Valois, Dauphin de) (371), — *François Ier*, roi de France (372), — *François II*, roi de France (373), — *Guise* (Henri de Lorraine, duc de) (381). Deux épreuves. — *Henri II*, roi do France (387). Six pièces.

Bonnes épreuves.

234 — *François Ier*, roi de France (R. D., 372).

Superbe épreuve.

235 — *François II*, roi de France (R. D., 373).

Très belle épreuve, marge.

236 — Le même portrait.

Très belle épreuve.

LEU (Th. de)

237 — *Girault* (S.), d'après Quesnel (R. D., 374).

Très belle épreuve. Rare.

238 — *Gondi* (Pierre de), grand aumônier, évêque de Langres, puis de Paris, et cardinal (R. D., 375).

Très belle épreuve.

239 — *Guise* (Charles de Lorraine, duc de), gouverneur de Provence (377).

Très belle épreuve.

240 — *Guise* (Henri de Lorraine, duc de), grand maître de France, surnommé le Balafré (389).

Très belle épreuve. Rare.

241 — *Guise* (Henri de Lorraine, duc de), grand maître de France, surnommé le Balafré (380).

Très belle épreuve. Rare.

242 — *Henri III*, roi de France (388).

Belle épreuve. Rare.

243 — *Henri III*, roi de France (392).

Très belle épreuve.

244 — *Henri III*, roi de France (393).

Superbe épreuve.

245 — Le même portrait.

Superbe épreuve.

246 — *Henri IV*, roi de France (396).

Superbe épreuve avec marge. Rare.

247 — *Henri IV*, roi de France. Cinq portraits différents (401-402-403-415 et 416. Deux épreuves. Six pièces.

Bonnes épreuves.

248 — *Henri IV*, roi de France (406).

Très belle épreuve.

LEU (Th. de)

249 — *Henri IV*, roi de France, d'après F. Quesnel (409).
Superbe épreuve.

250 — *Henri IV*, roi de France (415).
Très belle épreuve du premier état, avant le texte au verso.

251 — *Henri IV*, roi de France (416).
Deux épreuves du premier état, avant le texte au verso.

252 — *Hopil* (Claude) (420).
Très belle épreuve du deuxième état, marge.

253 — Le même portrait.
Superbe épreuve.

254 — *Jacques Ier*, roi d'Angleterre (421).
Très belle épreuve.

255 — *Jeanne d'Albret*, reine de Navarre (422).
Très belle épreuve.

256 — *Jeanne d'Albret*, reine de Navarre (422), — *Joyeuse* (Anne, duc de), pair et amiral de France, — *Lesdiguières* (François de Bonne, duc de), maréchal et connétable de France (436). Deux épreuves. Quatre pièces.
Bonnes épreuves.

257 — *Joyeuse* (Anne, duc de), pair et amiral de France (424).
Superbe épreuve, marge.

258 — *Juan d'Autriche et Alexandre Farnèse*, dans le même cadre (426).
Très belle épreuve. Rare.

259 — *Leblanc* (Guillaume), camérier du pape Sixte V, évêque de Vence et de Grasse, et poète (433).
Très belle épreuve du premier état.

260 — *Lesdiguières* (François de Bonne, duc de) (438).
Très belle épreuve, marge.

LEU (Th. de)

261 — *Lorraine* (Claude de France, duchesse de) (440).
Superbe épreuve.

262 — *Lorraine* (Louise de) (441).
Très belle épreuve.

263 — Le même portrait.
Belle épreuve.

264 — *Louis XIII*, roi de France, enfant (443).
Très belle épreuve. Rare.

265 — *Louis XIII*, roi de France, le fond offre une vue de Paris (444), — Autre portrait de Louis XIII, avec vue de Paris dans le fond (445). Deux pièces.
Belles épreuves.

266 — *Louise de Lorraine*, reine de France (446). Deux épreuves, — *Montmorency* (Henri Ier du nom, duc de), connétable de France, — *Montmorency* (Louise de Budos, duchesse de) (463), — *Montpensier* (Henri de Bourbon, duc de) (464), — *Nemours* (Henri de Savoie, duc de) (466), — Trois épreuves, — *Philippe II*, roi d'Espagne (474), — *Savoie* (Charles-Emmanuel, duc de) (484). Deux exemplaires. Dix pièces.
Belles épreuves.

267 — *Luillier* (Jean), conseiller d'État, maître des comptes, prévôt des marchands de Paris (447).
Belle épreuve.

268 — *Maine* (Charles de Lorraine, duc du) (448).
Très belle épreuve.

269 — *Marie de Médicis*, reine de France (451).
Très belle épreuve.

270 — *Marie de Médicis*, reine de France (453).
Belle épreuve, marge.

LEU (TH. DE)

271 — *Marie de Médicis*, reine de France (454)
Très belle épreuve.

272 — Le même portrait.
Belle épreuve.

273 — *Marie Stuart*, reine d'Écosse (457).
Superbe épreuve.

274 — *Mercœur* (Philippe-Emmanuel de Lorraine, duc de), gouverneur de Bretagne (458).
Très belle épreuve.

275 — *Montaigne* (Michel, sieur de) (461).
Très belle épreuve.

276 — Le même portrait.
Très belle épreuve.

277 — Le même portrait.
Très belle épreuve.

278 — Le même portrait. Deux exemplaires.
Bonnes épreuves.

279 — *Montmorency* (Henri Ier du nom, duc de), connétable de France (462).
Très belle épreuve.

280 — *Montpensier* (Henri de Bourbon, duc de), pair de France (464).
Superbe épreuve.

281 — *Nemours* (Jacques de Savoie, duc de) (467).
Deux épreuves des premiers et deuxième état.

282 — *Nevers* (Charles de Gonzague, duc de). Deux portraits différents (468 et 469).
Très belles épreuves.

283 — Les mêmes portraits.
Très belles épreuves.

LEU (Th. de)

284 — *Papillon* (Marc, surnommé le capitaine de Lasphrise), poète (471).

Superbe épreuve. Rare.

285 — *Sorbin de Sainte-Foy* (Arnaud), évêque de Nevers (490)

Très belle épreuve.

286 — *Tasso* (Torquato) (493), — *Thyard* (Pontus de), poète, évêque de Châlon-sur-Saône, — *Vendôme* (César, duc de), fils légitime de Henri IV et de Gabrielle d'Estrées. Deux portraits différents (498 et 499). Quatre pièces.

Belles épreuves.

287 — *Vendôme* (Charles de Bourbon, cardinal de) (500).

Superbe épreuve avec marge.

288 — *Vendôme* (Charles de Bourbon, cardinal de) (500), — *Verneuil* (Henriette de Balzac-d'Entragues, duchesse dee (501). Deux pièces.

Belles épreuves.

289 — *Verneuil* (Henriette de Balzac-d'Entragues, duchesse de) (501).

Belle épreuve.

290 — *Villeroy* (Nicolas de Neufville, seigneur de), secrétair d'État) (504).

Très belle épreuve.

291 — Portraits et sujets divers. Huit pièces.

Bonnes épreuves.

LITTRET

292 — *Pompadour* (la marquise de), d'après Schenau. In-4.

Très belle épreuve.

MALLERY (C. de)

293 — Portraict après le naturel de Mgr le Dauphin aagé de 7 Moys en Avril 1602; d'après Quesnel. In-8.

Très belle épreuve.

MARCENAY DE GHUY (Antoine de)

294 — Arc (Jeanne d'). In-8.
Superbe épreuve avant toute lettre.

MARILLIER (d'après C.-P.)

295 — Deshoullières (Mme et Mlle), par N. Ponce.
Très belle épreuve tirée hors texte.

MATHEUS

296 — *Gournay* (Marie de Jars, demoiselle de). In-8.
Belle épreuve. Rare.

MEYSSENS (J.) EXCUDIT

297 — *Jacques Ier*, roi d'Angleterre, et *Anne de Danemark*, sa femme. Deux portraits in-8 faisant pendants.
Très belles épreuves, marges.

MIGER (S.-Ch.)

298 — *Geoffrin* (Mme). In-4.
Superbe épreuve avant la lettre.

MONOGRAMME B. J.

299 — Les comtes d'Egmont et de Horn, représentés en regard l'un de l'autre sur une même feuille, avec légende en bas; en haut, une inscription sur une banderole et une tablette avec le monogramme et la date de 1569.
Très belle épreuve. Rare.

MONOGRAMME B. J.

300 — *Beze* (Theodorus de), — *Erasme* de Roterdam. Deux portraits.
Belles épreuves.

MONOGRAMME L. C.

301 — Assassinat d'Henri IV. Dans le fond sont représentées les scènes du supplice de Ravaillac. Pièce in-fol. en largeur, gravée sur bois.
Très belle épreuve.

MONCORNET (B.)

302 — Personnages célèbres du dix-septième siècle, hommes et femmes. Cinquante-cinq portraits in-8.

Belles épreuves, en grande partie de premier tirage.

303 — Vray Pourtraict de la situation de Pernambuc. Ville dépendante de la couronne de Portugal en la coste du Bresil.

Belle épreuve. Rare.

MONCORNET (Anne)

304 — Les Vœux du roi Louis XIII et de la reine Anne d'Autriche à la Vierge. In-4.

Belle épreuve.

NANTEUIL (R.)

305 — *Marolles* (l'abbé Michel de). (R. D., 171.)

Très belle épreuve.

306 — *Menage* (Gilles). (R. D., 188.)

Très belle épreuve du premier état, marges.

307 — *Péréfixe* (Hardouin de Beaumont de), archevêque de Paris. (R. D., 213.)

Très belle épreuve.

NELLI (N.)

308 — Marguerite de Valois, fille de Henri II. In-4.

Très belle épreuve.

309 — *Medicis* (Catherine de), reine de France. In-4.

Très belle épreuve. Rare.

OUDRY (d'après J.-B.)

310 — Estampes in-fol. pour illustration des fables de La Fontaine. Trente-trois pièces.

Très rares épreuves à l'état d'eau-forte, dont treize avec marges.

311 — Estampes pour le même ouvrage. Six pièces.

Epreuves avant la lettre.

OUDRY (d'après J.-B.)

312 — Estampes pour le même ouvrage. Trente-cinq pièces avec la lettre.

ODIEUVRE ET DESROCHERS

313 — Portraits de poètes hommes et femmes célèbres en tout genre, publiés par Odieuvre et Desrochers. Trente-deux pièces.

Belles épreuves.

PASSE (Simon de)

314 — *Brandebourg* (Jean-Sigismond, marquis de), d'après C. de Passe. In-fol.

Très belle épreuve.

PASSE (Crispin de)

315 — *Marguerite de Valois*. Deux épreuves. — *Elisabeth*, reine d'Angleterre. Deux portraits différents. Quatre pièces in-8.

Belles épreuves.

316 — Marie de Medicis fesant faire son portrait. In-8.

Belle épreuve.

317 — Assassinat d'Henri IV. Aux quatre coins, les scènes du supplice de Ravaillac, et, autour de la composition principale, quatre médaillons avec les portraits d'Henri IV, de Marie de Médicis, de Louis XIII et de Ravaillac.

Très belle épreuve. Rare.

318 — La Navarre en deuil. Deux épreuves. — *Henri IV*. Trois portraits différents. In-8. Cinq pièces.

Belles épreuves.

319 — *Ravaillac* (François de), assassin d'Henri IV. In-8. A mi-corps, un couteau à la main.

Deux épreuves ne portant pas le monogramme du graveur.

PASSE (Crispin de)

320 — Le même personnage, dans un ovale. In-4. Aux quatre coins, scènes de l'assassinat d'Henri IV et du supplice du meurtrier, gravé dans le genre de Crispin de Passe.

Très belle épreuve.

321 — Portraits de personnages célèbres. Dix-sept pièces in-8.

Très belles épreuves.

PICART (B.)

322 — *Corneille* (Pierre). Deux portraits différents in-12, dont un sans noms d'artistes.

Belles épreuves.

POILLY (F.)

323 — La Mère Marie de l'Incarnation, première supérieure des Ursulines de la Nouvelle-France, décédée à *Québec* le dernier jour d'avril 1672. In-8.

Très belle épreuve. Rare.

POINSSART (J.)

324 — Pourtrait d'une tapisserie faite il y a deux cens ans, où est représenté le roy Charles VII allant faire son entrée en la ville de Rheims, pour y estre sacré à la conduite de la Pucelle d'Orléans, 1429. In-fol. en largeur.

Très belle épreuve. Rare.

QUEBOREN (C. Van)

325 — *Elisabeth*, reine d'Angleterre, à mi-corps. 1625. In-8

Belle épreuve, marge.

QUENEDEY

326 — *Roland* (Madame), — *Deschamps* (Suzanne), député de Lyon. Deux portraits.

Belles épreuves.

RABEL (J.)

327 — *Belleau* (Remi), poète (R. D., 39).

Très belle épreuve.

RABEL (J.)

328 — *Biron* (Armand de Gontaut de), maréchal de France, non décrit.

Superbe épreuve. Très rare.

329 — *Bonefons* (Jean), Auvergnat, né à Clermont en 1554. Poète, non décrit.

Superbe épreuve.

330 — *Coligny* (Gaspard de), grand amiral de France (43). Copie.

Très belle épreuve.

331 — *Coligny* (François de), colonel général de l'infanterie française (45).

Belle épreuve.

332 — *François Ier*, roi de France (R. D., 52).

Superbe épreuve.

333 — *Guise* (Henri de Lorraine, duc de), non décrit.

Très belle épreuve.

334 — *Henri II*, roi de France, non décrit.

Superbe épreuve.

335 — *Jeanne d'Albret*, reine de Navarre (60).

Très belle épreuve.

336 — *Louise de Lorraine*, reine de France (64).

Belle épreuve.

337 — *Louise de Lorraine*, reine de France (64).

Belle épreuve.

338 — *Philippe VI* de Valois, roi de France, — *Charles V* de Valois, roi de France. Deux portraits non décrits.

Très belles épreuves.

339 — *Postel* (Guillaume), professeur royal en douze langues (72).

Superbe épreuve, avec marge.

REGNESSON (N.)

340 — *Montpensier* (Anne-Marie-Louise, duchesse de), appelée la Grande Mademoiselle. In-fol.

Très belle épreuve.

REYNOLDS (S.-W.)

341 — Frotte (Pierre-Marie-Louis, comte de), d'après Howard In-fol.

Très belle épreuve, grande marge.

RIGAUD (à Lyon, par Benoist)

342 — L'Exécution et Supplice faict par sentence judiciaire, à l'encontre des nobles et illustres chevaliers de la Toison, les comtes d'Aiguemont et de Horne. Au dessous, la scène des funérailles et leurs portraits, avec légende en bas. Pièce curieuse gravée sur bois.

Très belle épreuve. Rare.

ROMANET (A.)

343 — Elizabeth-Philippe-Marie-Hélène de France, sœur de Monseigneur le Dauphin, d'après Fontaine. In-4.

Très belle épreuve.

ROUSSELET (G.)

344 — *Condé* (Henri II de Bourbon, prince de). In-fol.

Belle épreuve.

SAUVÉ (J.)

345 — *Montpensier* (Anne-Marie-Louise d'Orléans, souveraine de Dombes, duchesse de). In-12.

Très belle épreuve, marge.

346 — Le même portrait.

Belle épreuve.

347 — *Puységur* (Jacques de Chastenet, seigneur de). In-8.

Belle épreuve, toute marge.

SAVART (P.)

348 — *Deshoulières* (Madame), d'après Mlle Cheron (F., 16).
Superbe épreuve avant toute lettre, marge.

349 — *Louis XIV*, d'après Rigaud. In-8 (F., 23).
Belle épreuve, marge.

SCHIAVONETTI (L.)

350 — Elisabeth-Philippine-Marie-Hélène de France, d'après Strœhling. In-8.
Très belle épreuve.

SCHUPPEN (P. Van)

351 — *Bouthillier de Rancé* (l'abbé). 1683. In-4.
Très belle épreuve.

352 — *Deshoullières* (Mme), d'après Mlle E. Cheron. In-8.
Très belle épreuve.

353 — *Louis XIV*, d'après C. Le Febvre. In-8.
Très belle épreuve.

354 — *Louis XIV*, d'après Mignard. In-fol.
Très belle épreuve, marge.

SICHEM (C. Van)

355 — *Elisabeth*, reine d'Angleterre. In-4.
Très belle épreuve.

STUERHELT

356 — *Breslay* (Pierre), chantre de l'église cathédrale d'Angers. In-8.
Très belle épreuve. Rare.

TARDIEU (J.)

357 — *Oudry* (Jean-Baptiste), d'après N. de Largillière. In-fol.
Superbe épreuve du premier état, avant la planche coupée en bas, grande marge.

VALDOR

358 — Jaques Clement remettant sa lettre à Henri III. In-4 en largeur.

Très belle épreuve. Rare.

VALLET (G.)

359 — *Corneille* (Pierre), d'après A. Paillet. In-fol.

Très belle épreuve.

VISSCHER (L.)

360 — *Marie-Thérèse d'Autriche*, d'après Vanloo. In-fol.

Très belle épreuve.

VOYEZ ET LE BEAU

361 — *Marie-Antoinette*, reine de France. Deux portraits in-4.

Très belles épreuves.

WIERIX (Les)

362 — *Albert*, archiduc d'Autriche (1838), — *Isabelle-Claire-Eugénie*, sa femme (1954). Deux portraits faisant pendants.

Belles épreuves, mais défraichies.

363 — *Charles de Lorraine* (1879).

Très belle épreuve, avant le nom du graveur.

364 — *Croy* (Charles, duc de) et d'Arschot (1886).

Très belle épreuve, mais rognée.

365 — Elisabeth, reine d'Angleterre (1892).

Très belle épreuve du premier état, avec l'adresse de Ant. Wierix.

366 — *Farnèse* (Alexandre) (1899).

Très belle épreuve.

367 — *Henri III*, roi de France (1919).

Superbe épreuve.

WIERIX (Les)

368 — Le même portrait.

Très belle épreuve.

369 — Le même personnage, dirigé à gauche.

Epreuve imprimée au milieu d'une guirlande de fleurs et de fruits.

370 — *Bourbon* (Henri IV de), roi de Navarre (1921).

Superbe épreuve du premie état.

371 — Le même portrait.

Très belle épreuve du même état.

372 — Le même portrait.

Très belle épreuve du même état.

373 — Le même personnage (1922).

Très belle épreuve avec la première adresse.

374 — Le même portrait.

Très belle épreuve avec l'adresse de Hyeronymus Wierix.

375 — *Henri IV*, roi de France (1924).

Superbe épreuve du premier état, avec l'adresse d'Antoine Wierix.

376 — Le même portrait.

Très belle épreuve du deuxième état, avec l'adresse de Hyeronymus Wierix.

377 — *Ignace de Loyola* (1933).

Très belle épreuve.

378 — *Isabelle Claire-Eugénie*, infante d'Espagne (1952).

Très belle épreuve.

379 — *Marguerite*, femme de Philippe III, roi d'Espagne (1969).

Belle épreuve du deuxième état, avec l'adresse de P. de Jode.

380 — *Marguerite*, femme de Philippe III, roi d'Espagne (1969), — *Philippe III*, roi d'Espagne. Deux portraits faisant pendants.

Epreuves de tirage postérieur sans noms de graveur, avec l'adresse de Paul de la Houve.

WIERIX (Les)

381 — *Mercœur*, (Philippe-Emmanuel de Lorraine, duc de) (1980).

Superbe épreuve.

382 — Le même portrait.

Superbe épreuve, grande marge.

383 — *Rodolphe II*, empereur d'Autriche (2019).

Belle épreuve, marge.

384 — Portraits de saints et sujets religieux. Huit pièces.

Très belles épreuves.

WORLIDGE

385 — *Ninon de l'Enclos*, d'après une peinture qui se trouve en Angleterre. In-8.

Deux épreuves, dont une avant toute lettre, non entièrement terminée.

ZIARNKO

386 — Tableau et emblèmes de la détestable vie et malheureuse fin de maistre Coyon. Pièce très curieuse divisée en six compartiments où sont représentées les scènes de la mort du marquis d'Ancre. En bas, une légende en vers avec bordure (1617).

Superbe épreuve. Très rare.

ZUNDT (Mathias)

387 — Siège de Malte, avec légende explicative ; à gauche, la carte d'Europe (1565).

Très belle épreuve d'une pièce non décrite. Rare.

388 — Sous ce numéro, il sera vendu un portefeuille contenant environ douze cents portraits de personnages célèbres pour illustration de livres.

Imprimerie D. Dumoulin et Cie, à Paris

PARIS
IMPRIMERIE D. DUMOULIN ET Cie
5, rue des Grands-Augustins, 5

www.ingramcontent.com/pod-product-compliance
Ingram Content Group UK Ltd.
Pitfield, Milton Keynes, MK11 3LW, UK
UKHW021114290826
14628UKWH00014B/2191

9 782014 464986